退屈にガマンできなくなったとき
カケルは図書館に逃げこむ。
本だけは、いつでも彼を
満足させてくれる……

カケルは、新しいことを知りたいという気持ち
すなわち「知的好奇心」が誰よりも強かった

だから、本を読んでいるときだけは
子どものように目をかがやかせている

1 【サンパチマイク】

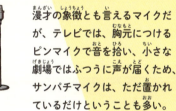

漫才をするとき舞台中央に置かれるマイクのこと。センターマイクともよばれる。サンパチマイクの「サンパチ」とは、漫才のときによく使われていたマイク「C-38B」という商品名から。

漫才の象徴とも言えるマイクだが、テレビでは、胸元につけるピンマイクで音を拾い、小さな劇場ではふつうに声が届くため、サンパチマイクは、ただ置かれているだけということも多い。

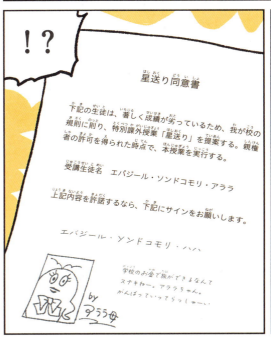

そして、ふたたび話の舞台は地球に戻る

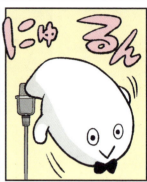

ALIEN ARARA ANATOMY
宇宙人アララ大解剖

マイクロチップ
No uhaze N-buiru
もはやスマートフォンは頭の中にある時代。身につけている機械はすべてここで管理

超薄型高性能モニター
yatsume
看板などの文字を瞬時にエクセリア語に変えて表示してくれる

ウェーブチェンジャー
EN7000
音とは空気の波。この機械は、発した言葉を聞く人が理解できる言葉の波に変えてくれる

ウェーブチェンジャーイヤー Mamoru
ウェーブチェンジャーの耳版。入ってくる言葉の波を理解できる言葉の波に変えてくれる

ディメンションマウス 9×9 2000
多次元へとつながっている。ポシェットタイプが一般的だが、王立学校では人々をより驚かせるため、口の中に仕込むのが一般的

VR生成ゴーグル HYOUTAN
VR空間を思い通りに作ることができる。ゴーグルというよりメガネっぽく気軽につけられる

お題ガチャ
Kuyou
校長からわたされたお題ガチャ。まだ中は空だ

ネタ帳
「おもしろい」はどこにでも転がっている。お笑い芸人の必須アイテム

薄型宇宙服
Gainen
タイツのように薄いが、内部では惑星エクセリアと同じ空気を流し、体全体を守る。地球でもずっと着てる

反重力シューズ
PON-PON-PON
つねにちょっと浮いてる。危険地帯でもふつうに歩ける。足もよごれない!

くま(?)のぬいぐるみ
親からもらった初めてのプレゼント。好き

ポニッカーズ
エクセリアの完全食。小腹がすいたときに食べるよ

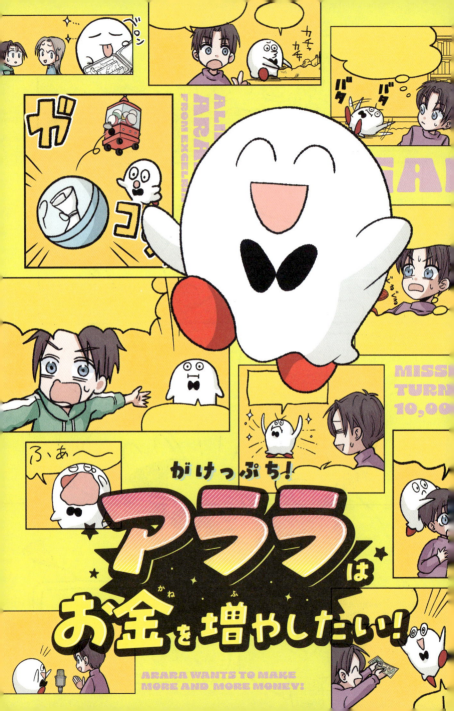

アララ

本名エバジール・ソンドコモリ・アララ。地球から遠く離れた星「エクセリア」に住む宇宙人。エクセリアは、周囲の星々にエンターテインメントを供給することで財を成しためずらしい星で、中でもお笑いはエンタメの最高峰とされている。王立のお笑い学校があり、アララはその学校の生徒である。エクセリアは地球よりはるかに文明が発達しているため、ワープ技術や各種ウェアラブル端末は、地球では考えられないような技術が用いられている。

天神翔流

11歳。天才少年。幼少期から異常なほどの本好きで、すでに2万冊の本を読んでいる。そのため、11歳にして学力は大学生レベル。また、小学3年から4年にかけて、ゲームや発明、動画配信などで功績を上げ、小学生ながら、すでに1億5000万円ほどのかせぎをたたき出している。母つばめと二人暮らし。いそがしい母の代わりに家事もこなす。

天神つばめ

38歳。カケルの母。出版社で書籍の編集を手がけている。テンションが上がって買ってしまう系のムダ遣いが多く、カケルにいつもあきれられている。

CONTENTS

- CHAPTER 1 アララはお金を増やしたい 24
- CHAPTER 2 世の中を学びたいなら歴史から 40
- CHAPTER 3 お団子1本150円。高い？ 安い？ 56
- CHAPTER 4 カケルはどうして儲けたの？ 82
- CHAPTER 5 働く苦労、かせぐ喜び 104
- CHAPTER 6 なぜ？ 登録者数激増の謎 114
- CHAPTER 7 お金にまつわる甘い罠 130
- CHAPTER 8 為替と寿司とカケルの不安 154
- CHAPTER 9 投資とゲームと地球の危機 172
- CHAPTER 10 カケルはカケルをみつけたい 194

そのころエクセリアでは……？ 52
そのころエクセリアでは……？
〜会議は踊る〜 98
そのころエクセリアでは……？ 192
その後のエクセリア 212

COLUMN

1. 形のないお金 38
2. マイクとマイコ 78
3. アララ絵日記 128
4. 偶然！ すばチャのしくみ 148
5. アララ、カケル、つばめの ほしいもの 166

CHAPTER 1 アララはお金を増やしたい

「なんでもわかるガイドブック」とは、AI技術と脳波感知により、その人が疑問に思ったことを瞬時に表示する、エクセリアの超技術の結晶である。

え!? なにこれ!?
すごいすごいすごいすごい!
甘じょっぱいタレが
ぜんぶにかかっているのに
ぜんぶ、味がちがって
超おいしくておもしろい。

下の白いつぶつぶと
いっしょに食べると最高!
とくにこの細長いやつ
超おいしい!

Viva 和食 1

【天丼】 TENDON

天ぷらをご飯の上にのせて、しょうゆベースのタレをかけた料理。天ぷらはもともとポルトガルから伝わったと言われているが、その後、水と小麦粉、卵で作る衣を改良し、食感を良くする揚げ方など、おいしさの工夫を重ね、日本を代表する料理となる。ご飯を入れる大きめの器のことを「丼」とよび、この器にご飯を入れ、その上に具材をのせた料理を「丼」とよぶ。この場合、天ぷらをのせた丼なので「天丼」というわけである。

エクセリアの食事は、基本的に栄養や手軽さを重視しているため舌を喜ばせるようなものはない。
しかし、芸術民族であるエクセリア人は本人たちも知らないが、じつは味覚がするどい。

この家を建てたときの値段は4000万円くらい。土地はおばあちゃんの土地。では、どうやってカケルはそのお金をかせいだのか。それはこの本を読み進めていけばわかる。

1円玉100枚で100円の物を買おうとしてもお店は支払いを拒否できる。1つの硬貨で支払いが認められるのは20枚まで。ちなみに紙幣は何枚でも支払いOKだ。

VR＝バーチャルリアリティ＝仮想現実。視界に架空の世界を作り出す。AR＝オーグメンテッドリアリティ＝拡張現実。現実の世界に架空の世界を映し出す。このゴーグルは両方に対応している。

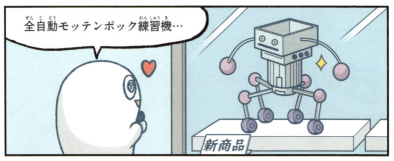

モッテンポックは、コロコロでダボックをノットハックするスポーツで、ポプガンドレーンの影響ですぐにマリメモリマになるため、日頃からパモを欠かすことはない。

何かを学ぶときは「なぜこうなったのか？」を知ることが大切。そして「こうなったのか！」を知るのがまさに歴史。だから、みんなも興味があることは歴史から入ろう。

だが、そんなもんだ。
何しろアララはおちこぼれのがけっぷち宇宙人。
君がアララを導いてあげるのだ。
エクセリアと地球の平和のために……

COLUMN ▶ 1

はい。本日は「形のないお金」のみなさんにお集まりいただきました〜。お題は

ぼくらのいいとこ悪いとこ〜

司会 現金

「私、QRコードやバーコードを店頭で読み取って支払いするんですけど、事前にお金をチャージしたり、クレジットカードの情報を入れて後払いにしたり、ほんと、みんなのメリットぜんぶのってる感じなんです。全方位の天才レオナルド・ダ・ヴィンチかよ。ってね。ま、スマホの充電が切れたらアウトですけどね」

ぜんぶ型 コード決済

「ヒュー! 足りなかったら、お金を入れればいいじゃーん!? そう、それがチャージってやつ。オレを使えば、ジャラジャラ小銭を持たず、レジの人も待たせず「ピッ」で会計終わり。スマートだろ。ま、たまに残高足りね〜! ってこともあるから注意してな」

「うちらは最初にお金を払ってカードを買うてもらいます。で、その分の金額を使ったら終わりなんで、安心して使えます。チャージとかできひんけど、プレゼントなんかに使ってもいいんで、結構、便利なんですわ」

使い切りタイプ
図書カード、QUOカード

チャージタイプ
Suicaなどの交通系ICカード、WAONなどの流通系ICカード

前払い プリペイドカード

あと最近「仮想通貨」っていうのも出てきてる。あ、通貨っていうのは「支払いができるお金」って意味なんだけど、仮想通貨は価値が激しく上がったり、下がったりするから、通貨とはよびづらいんだよね

だから最近は「暗号資産」、英語だと「クリプトアセット」ってよばれることが多いかな。資産というのは、その人の持ち物で、価値がある物のことを言うんだけど、暗号資産は、まさに電子の世界で価値を作り出した物って感じだね。コンピューターの中にある「金」って思ってくれるといいかもね

誰!?

ぼくはね、銀行口座にお金さえ入ってれば使えるのさ。買い物したら、その場で口座からお金が引き落とされる。すなわち外付けのお財布みたいなものさ。審査もいらないしチャージもいらない。だけど、口座にお金がなかったら、買い物できないのさ。ま、当然だよね

いやー、自分「今お金ないんですよー」って人でも使えるんですよね。でも、魔法じゃないんですよ。まず18歳以上じゃないと持てませんし「立て替えたお金をちゃんと払えるか」っていう審査もあるんでね。カード会社は、お店から手数料をもらったり、利用者さんが払えない場合は「利子」って形で余分にお金を払ってもらったりして儲けてるんですよ。まあ、クレジットは「信用」って意味ですしね。あと、この2文字だけは覚えておいてください。「リボ」! これには注意ですよ!

即時払い デビットカード

後払い クレジットカード

CHAPTER 2 世の中を学びたいなら歴史から

お金のはじまり

はるか昔の地球では、人は動物や魚を狩り
木の実やフルーツを採って生活していた

そして、おたがいが採ったものを交換して
食生活を豊かなものにしていた。いわゆる物々交換である

しかし、物々交換には、ある問題があった……

絵柄が変わっておどろいた人もいるかもしれませんが、ここからしばらくはVRの中の世界です。
今後もちょこちょことこのような絵が出てくるので、これらはすべてVR世界だと思ってください。

これらの問題を解決するため人々は考えた

もし、こういう世界に自分がいたら？ 食べ物がたくさん採れればいいけど、そうじゃない日もある。

Okane no hajimari...

そして、考え出されたのが

めずらしい貝や塩などとの交換だ

これでうまくいったかに思われたが
塩は水にとける。米は虫に食われる。貝は割れる。布もちぎれる

まだ、かんぺきではなかった

その間も人類の技術は進み、鉄が使えるようになった

そして、金や銀を使った「硬貨」が誕生した

くさらない

めずらしい

持ち運びも
ラクラク！

金や銀を使っていたので、その硬貨そのものに価値があった

最初の金属の通貨は紀元前600年、リディア王国のエレクトロン貨とされている。金や銀に混ぜ物をして「悪銭」を作る人もいた。

貝や布、塩などをお金として使うことを「物品貨幣」という。紀元前1500年ごろの中国で生まれたとされている。当時、布などは大変貴重なものだった。

人類の技術はさらに進化し、商売もさらに大きくなり、
使うお金もとんでもない量になっていった

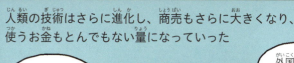

「今回は一気に2億くらい使っちゃうよー」

「外国にも工場とか作っちゃうよー」

なんかいい感じである

しかし！
ここで大きな問題が起きる

もともと紙幣は硬貨の引換券。
そのため、紙幣分の金貨や銀貨を持っていなくてはならない

「し、しまった！金貨や銀貨が足りない」

「紙はいっぱいあるのに！」

しかし、金や銀はそもそも量が少ない。そのため、商売が大きくなると
世の中に出回っている紙幣分の金貨や銀貨が作れないのだ

「こうなったら仕方がない……」

そこで……

金の埋蔵量は50m×25mプール4杯分より少ない。

日本で兌換紙幣が廃止されたのは1942年(昭和17年)。その後、金と交換できない紙幣「不換紙幣」が生まれる。現在のお金はこれ。

本当にあったこわいはなし…

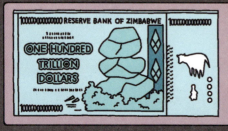

このようにお金の価値が下がって、物価が異常に上がってしまうことを「ハイパーインフレ」とよぶ。上のベネズエラのほかにもハイパーインフレが起こった国はいくつもある。たとえば、左のイラストは、ジンバブエという国で発行された100兆ジンバブエドル。

そのころ
エクセリアでは……？

どうやら送れたようだな

安全が保証されているとはいえ緊張しますな

今、アララの脳波に変化がありました

エクセリア王立芸人学校の秘密

王立だけあって授業料や制服、教科書、授業に必要な道具など、これらすべてが無料で与えられる。受験者数も多く、120人の合格枠に毎年36000人ほどの受験生が集まる。この異常な受験者数と受験料のおかげで、学校の運営がまかなえている。
超難関のエリート校にもかかわらずこれだけの受験者がいることには、理由がある。それが「運合格」。芸人には運も必要ということで、この学校では毎年5名、くじ引きで合格者が選ばれる。エリートと、運だけで入った生徒の間に、いざこざが生まれそうなものだが、芸人として大きな成功を収めるのは、運合格者のほうが多いためか、彼らに対する差別はなく、むしろ、型にはまっていない運合格者から何かしら学んでやろうという気持ちが強い。言うまでもないが、当然、アララも運合格者である。

1週間後――

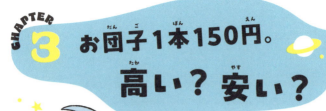

CHAPTER 3 お団子1本150円。高い？安い？

100円玉は、1957年（昭和32年）から使われている。当時は銀が60％も使われていたが、現在の100円玉は、銅75％ニッケル25％を合わせた白銅で作られている。

この白くて丸い部分のモチッとした食感がいい！ それで、この上にかかったタレ？ これが、またスゴイ！
甘いんだけど、ほのかにコクがあってそのコクがこの焦げ目と合わさることでいちだんと深い味わいに変わる。

もう、こんなデザート食べたことない！

最高です！ ママさん！

【お団子】ODANGO

お米を粉にした米粉、もち米を粉にした上新粉で作られた「団子」と、その上にかける「餡」に分けられる。餡には、しょうゆと砂糖で作った「みたらし」、小豆で作った「あんこ」、大豆の粉である「きな粉」などさまざまな種類がある。甘味処で食べられるが、最近はスーパーやコンビニなどでいつでも買えるため、今や和食を代表するスイーツとも言える。
日本には春と秋にお墓参りをする「お彼岸」という習慣があるが、そのときご先祖さまに「あの世でお腹が空いたときに食べてください」という意味でお供え物に使われることも。

思わずなめちゃうものベスト3 ➡ 3位：ポテチを食べた後の指
2位：アイスやヨーグルトのフタの裏　1位：勉強ができたと思いこんだ後のテスト

アララが着ている服（薄型宇宙服Gainen）は、光学迷彩の機能も持つ。服全体には12京個のピクセルが配され、肌はプロジェクションマッピングの要領で姿形を自由に変えられる。

実際にぼったくりをするお店は存在する。もし、みんなが将来、ぼったくりの被害にあったら、消費者ホットライン「188」に連絡したり、警察に駆けこむなどすぐに行動しよう。

さっきのお団子とはちがう。
なんというか、さっきのお団子はツルンとした
やわらかさだけど、これは、表面はかたくて
中はむにって感じ。あと、さっきのタレは
「甘い、ちょっと塩っぱい」って感じだったけど
これは甘い、塩っぱいのあとに「深い」がある。
なんか、全体的に高級って感じ！すごい！

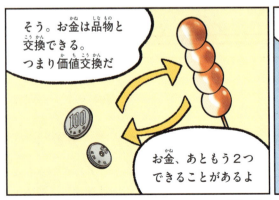

価値とは物のことだけではない。さまざまなサービスなども立派な価値だ。「サービスだってタダじゃない」。生きていく上で、この言葉は覚えておこう。

CHAPTER 3 お団子1本150円。高い？安い？

価格は原価のほかにも、買われる量が多いと上がり、少ないと下がる。さらに、売られる量が少ないと上がり、多いと下がる。これを「需要と供給」とよび、この要素も絡み合い、実際の価格が決まる。

回転寿司屋さんの食材原価はネタによって大きくちがう。
ウニ、マグロ、イクラ、ハマチなどは70円から80円。かっぱ巻、ツナコーン巻は20円ほど。

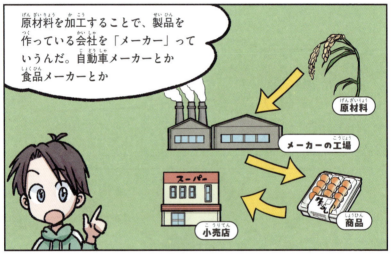

メーカーとは、作る人という意味。なので、このお団子屋さんも自分のお店で作っているのでメーカーなのだが、なぜか、大量に商品を作る会社をメーカーとよぶのが一般的となっている。

もし「こけしや」が団子を3本100円で売った場合、材料費が1本60円くらいなので、それだけでも80円の赤字。これに人件費などほかの経費も加わるので、こんな商売をしたらつぶれてしまうぞ。

収入に対して食費がかかる割合のことをエンゲル係数とよぶ。
ドイツの社会統計学者エルンスト・エンゲルの名から付けられた。

こけしやDATA。1947年創業。55年以上の歴史を持つ和菓子店。団子もおいしいが、かき氷でも有名。そのため夏場は行列が絶えない。カケルはこの店のかんぴょう巻が好き。

DIGRESSION RECORD 2 【漫才】

漫才。それは、センターマイクを中心にして二人以上で立ち話をするお笑いの形式の1つ。外国でも似たようなコメディショーはあるが、この形式に名前を付け、文化と言えるまでに育てたのが日本。漫才のもっともすぐれたところは、何と言ってもそのシンプルさ。マイク一本はさんで話すというシンプルなスタイルながら、おしゃべりだけで話を進める「しゃべくり漫才」、お芝居形式で進む「コント漫才」を筆頭に、数々の芸人が、新たな漫才を模索することで、漫才の世界は百花繚乱とも言える華やぎを見せている。

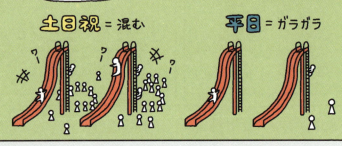

CHAPTER 4 カケルはどうして儲けたの？

な、何これ？
白い水の上に細長い変なのが入ってる！
これ、食べ物？

とんこつラーメンっていう料理だよ

…！ ズズッ
なんだこのおいしさは

こ、これは、もう、なんと表現していいかわからない。スープから動物のにおいを感じるけど、口に入れた瞬間、臭みではなくうま味がパーっと口全体に広がる。そして麺は噛むほどに味を感じられて、麺の味が口に残ったスープのうま味と混ざり合う。まるで、口の中でも調理をしているみたいだ。最高、これ、本当に最高！

Viva和食 3 【ラーメン】 RAMEN

中華麺ともよばれることからもわかるとおり、中国からやってきた料理。大きく分けるとスープ、麺、具材の３つのパーツから作られている。さまざまな改良がなされたためか、お店によってガラリと味が変わる。このような激しい変化があっても、多くの日本人はラーメンを「中国の料理」と思っているが、多くの外国人はラーメンを「和食」と思っているという不思議な現象が起きている。

↑ここでアララはお店なのに宇宙人のかっこうになっているが、このアララはカケルが見たイメージのアララ。このように、心の中のイメージを表したものを心象表現とよぶ。

ドイツの哲学者アルトゥル・ショーペンハウアーは語る。「富は海水に似ている。飲めば飲むほど喉が乾く」と。

子どもって働けないの？ その1

日本では働くことのできる最低年齢を15歳としている。ただし、例外として、子どもの役者、いわゆる子役や歌手などの芸能活動は、その人でないと表現することができないため許されている。ただし、それでも夜8時以降は働かせてはいけないというのが常識。ではふつうの子どもは働けないのかというと、会社などで働いてお給料をもらうのはむずかしい。しかし……。

労働基準法 (第6章 年少者)

(最低年齢)
第56条 使用者は、児童が満15歳に達した日以後の最初の3月31日が終了するまで、これを使用してはならない。

(年少者の証明書)
第57条 使用者は、満18歳に満たない者について、その年齢を証明する戸籍証明書を事業場に備え付けなければならない。
2 使用者は、前条第2項の規定によって使用する児童については、修学に差し支えないことを証明する学校長の証明書及び親権者又は後見人の同意書を事業場に備え付けなければならない。

労働基準法は、労働基準などを定める日本の法律である。会社との契約や賃金、労働時間、休憩、休日、安全、衛生などが、細かく決められている。働くときには一度、目を通しておくのがおすすめ。

4 カケルはどうして儲けたの？

エクセリアのゲームは、VR空間を動き回りながら相手を倒すのが主流。そのため、上にあるカケルの想像とちがい、エクセリアのプロゲーマーはみんなアスリートのようにムキムキの体の持ち主である。

Jukugonia

もはや知っている人も多いだろう。今、ゲーム実況者やインフルエンサーに大バズりのパズルゲーム。ゲームのおもしろさもさることながら、人気の秘密は数々のレア要素。レア中のレアである「Jukugonia攻略法」と言われるBGMを流した動画は、視聴回数500万回を超えている。みんなもレア要素を出しまくって伝説になろう。

とにかく連鎖でハイスコアを狙え！

ハイスコア競争も熱いのがこのゲーム。スコアアタックに重要なのはなんといっても連鎖。連鎖させると連鎖数の2乗の得点がもらえ、10連鎖以降は1連鎖ごとに100点のボーナス点が入る。そこで10連鎖までの点数を表にまとめたので、参考にしてくれい！　ちなみに編集部でのベストスコアは55444点、最大連鎖数は14だ！

連鎖数	点数(累計得点数)
1	1
2	4(5)
3	9(14)
4	16(30)
5	25(55)
6	36(91)
7	49(140)
8	64(204)
9	81(285)
10	100(385)+KakeVoBo100(485)

かわいいボイスがインフルエンサーを魅了

とにかく話題なのが、熟語が完成したときのボイス。連鎖が進むごとにボイスのピッチが上がり、10連鎖以降はピッチが上がらない。10連鎖以上で出るKakeVoBoとは、Kakeru Voice Bonusの略。真実は不明だが、このゲームの開発会社であるカケルゲームスの関係者（カケルくん？）の生ボイスであるともっぱらの噂。

いつ出る！？あたればラッキー！隠しBGM

BGMはすべて有名なクラシック曲のピアノ演奏となっており、このピアノのヘタウマ加減も話題となっている。編集部で調べたところ、通常曲が20曲、これにプラスしてジャズの名曲『In the mood』に合わせて子ども（これもカケルくん？）がこのゲームの攻略法を歌う隠しBGMの全21曲。選曲は完全にランダムで、編集部総出で2万回以上プレイしたがこの隠しBGMは流れなかった。確率は相当低く設定されているようだ。

Ninchido Orecchi ダウンロード専売　カケルゲームス　12月2日発売　330円

カケルの作ったゲームの販売価格は330円。そのうち、ゲーム販売会社が3割（99円）持っていくため、カケルの利益は残りの7割、つまり1ダウンロードあたり231円になる。しかしここから税金が引かれ……。

母さんに遊んでもらったらゲーム会社の人を紹介してくれてそれで、トントン拍子に話が決まったんだ

ふふん。私もけっこう役に立ってるのよ

▶第3のハードル・・・
会社を作るのがめんどい

あと、契約のときに会社を作ったけど、これには大人の力が必要になる

これも私が手伝ったのよ

日本では、子どもでも会社は作れるが、会社を作るときに必要な印鑑証明（正しいはんこであることを証明するための申請）は、大人にならないと申請できないため、大人の協力が必要となる

まあ別に、会社を作らなくてもいいんだけど、いろいろな仕事をしたいなら会社を作っておいたほうがあとあといいんだよ

取引先も、個人より法人のほうが安心するしね

これで発売の準備が整ったけどハードルはまだある

ひえ

▶第4のハードル・・・宣伝しなけりゃ売れない

先日はありがとうございました。
このたび、Orecchiからゲームを発売することになりまして、ぜひ、メグミさんにも遊んでほしいと思い、メールしました。ダウンロードコードを添付しますので、お時間がありましたら、ぜひ遊んでいただき、感想などを教えていただけたら嬉しいです。
以下にこのゲームのレア要素、裏技を記載します。

1. 10連鎖でボーナスポイント。
2. 1/65535で、特殊なBGMが流れます。
3. 特定の熟語（転調、変曲）を揃えると、BGMが変わります。
4. 連鎖時、連続して消した熟語が四字熟語になる（四季折々など）と、100ブロック落下時まで獲得点が4倍になります。
5. 1/65535の特殊BGMですが「翔流」→「歌唱」と連鎖させると流れます。
6. 「目的」という熟語を揃えるとMISSIONモードになり「○連鎖せよ！」など7つのミッションが出されミッションクリアのたびに1000点のボーナス。
7. 他にも「暗転」「太陽」「高速」「低速」など特殊な画面効果が発生する熟語が多数あります（マイナス要素も多くあります）。
8. スコア5万点を超えると2人プレイモードが解放されます。
　⋮

思ったよりおもしろい！
カケルくんのためにも
動画にしてあげよっと

買ってみようかなぁ？

よし、次回はこのゲームを
ネタに動画を作ろう

ちなみに、日本最初の宣伝は江戸時代。発明家であり本草学者の平賀源内が歯磨き粉を売るために作った口上（宣伝文句）だと言われている。

よく早口言葉で使われる「東京特許許可局」だが、実際には……ない。

エクセリア人の秘密

芸術は模倣から始まる。芸術民族とも言われるエクセリア人は、見たものをそのまま脳内に記憶しコピーすることができるのだ。この３Dプリンターもアララの脳内のイメージを形にしたものだぞ。

ほしぞら ぱんち mini
全プラ製なので安価だが壊れやすい。歯車の機構が複雑なので完成させられない子どもも出てくる

本製品
歯車と突起が金属であるため高価だが、丈夫で壊れにくい。完成品なので誰でも扱える

リスクの少ない商品で様子をうかがう
→本商品が話題になったタイミングでの発売
→CM、パンフ、POPなど広告展開開始

ネットで物を売る行為は子どもでもできる。ただし、保護者の同意が必要。細かい決まりはサイトによってちがうので、自分でも物を売りたいと思ったら、そのサイトの「利用規約」を確認しよう。

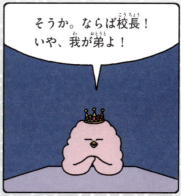

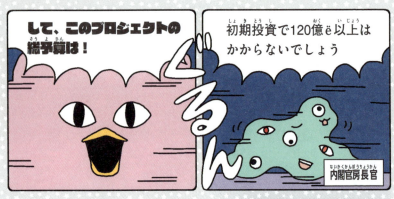

CHAPTER 5 働く苦労、かせぐ喜び

このあと、カケルはアララからの質問に答え続けている。そう、アララの変身が解けていることにも気づかずに……。

買った物を直して売る。これを商売とするには「古物商許可」が必要。

ここに出てくるアトラクションビレッジは、今から40年前くらいに流行ったおもちゃ。それが、最近、そのままの形で復刻し話題になった。カケルはその話題から需要があると考えアララにすすめた。

アララが経験したケーキ屋さんでのできごと。これは、店主がケーキを箱に投げ入れることで話題になる。つまりバズると思っていた。しかし、当然、大不評。わずか1か月でつぶれた。

アララがやった全力。全体を薄い塗料でコーティングして光沢を出し、玉のすべりを改善。部品すべてを磨き上げ摩擦を減らして機能性向上。操作部に丸みを出し直感的な動作を可能に、など多数。

銀行口座を持っている人もいるかもしれないが、自分の口座を人に売ると犯罪収益移転防止法違反などになり、罪に問われるので絶対に売らないように！

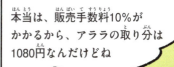

手数料とはシステム利用料のこと。みんなもこれからさまざまな手数料と出会うことになるがシステムは作るにも運営するのにもお金がかかるということを覚えておこう。

↑に出てくるサブスクとはサブスクリプションの略。主に毎月、決まった料金を支払うことで、そのサイトのサービスを受けられる。映画配信、音楽配信サイトなどでよく使われる。

CHAPTER 6 なぜ？登録者数激増の謎

ここで出てくる次のおもちゃとは、LSIゲームとよばれる小型のコンピューターゲーム。40年近く前に流行った。ブームは短いが、だからこそ刺さる人には刺さる＝売れる。

子どもって働けないの？ その2

じつは、子どもでもお金をかせぐ方法はある。歌やお芝居などの芸能活動や、カケルのようにゲームや商品を作ったり、アララのように壊れた物を直して売ったりしてもいい。ほかにも絵を描いて売ることもできるし、マンガや小説の賞に投稿して選ばれれば賞金だってもらえる。子どもの場合、人に雇われて働くことはできないが、自分の特技を活かせば、それをお金に変えることはできる。ただし、かせぐときには保護者にきちんと相談しよう。

「保護者に相談しよう」と書いているが、これは法律的にも必要なこと。子どもが法律のもとで商売するには、法定代理人（保護者のこと）が許可しなければならない。と定められている。

このエクセリアの動画配信サイトはO-movie。OとはOops(ウップス)から。「しまった」や「おっと！」という意味で、残念なことも笑い飛ばそうという意図がある。ちなみに国営。

カケルのチャンネル名「すわろーふらい」は、つばめが作ったMeeTubeチャンネル。つばめは英語でスワロー。フライは翔流の翔（翼を広げて飛ぶ）という意味からフライ。

王立芸人学校では、授業の一環としてO-movieでの動画作りを行う。学生期間に収益化の条件をクリアする生徒もいる中、アララは王立芸人学校史上最低登録者数という不名誉な記録を持つ。

CHAPTER 6 なぜ？ 登録者数激増の謎

【地球】アララお金をかせぐ
101万回視聴

【地球】アララ地球人と漫才というものをやってみる
413万回視聴

【地球】食レポシリーズ。ラーメン
156万回視聴

【地球】食レポシリーズ。お団子
162万回視聴

【地球】食レポシリーズ。天丼
171万回視聴

【地球】アララと初めての地球人
112万回視聴

おしゃべりしてみたよ
603回視聴

VR作品。困った困った
510回視聴

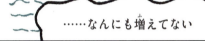

なりたい人も多い動画配信者だが「かせげるから」という理由で始めても、まずかせげない。なので、動画配信は趣味で行おう。そのときは、大人の人といっしょに作るように。

CHAPTER 6 なぜ？ 登録者数激増の謎

【抹茶アイスクリーム】
GREEN TEA ICE CREAM

Viva 和度 4

日本のデザートは「和スイーツ」ともよばれる。中でも抹茶を使ったデザートは、まさに和スイーツの代表。日本茶の茶葉を細かく砕いて粉にした抹茶は、緑茶にはない強い渋みと苦味が特徴だが、これが、意外にもミルクやクリームなどの乳製品と相性抜群。ということで、抹茶アイスクリームのほかにも、抹茶ラテ、抹茶シュークリームなど、多くの抹茶スイーツが存在している。抹茶スイーツを楽しんだあとは、ぜひ、抹茶も飲んでみよう。苦味と渋みの奥にある甘さを感じられたら抹茶マスターだ。

125

COLUMN ▶ 3

アララ絵日記

さて、この後のアララの奮闘を絵日記でどうぞ！
※エクセリア語で書いてあるものを翻訳したよ！

○月×日

アララです。おてつだい、がんばっています。ママさんのお仕事で「ゲラ」というやつを見て、数字が順番になっているか確認したり、朝のパンを焼いたり、トイレのそうじをしたりしました。ママさんがすごくよろこんでくれました。うれしかったです。

250円×10日
＝2500円

○月△日

アララです。修理するために、あたらしいおもちゃを買いました。
昭和の人がよろこぶおもちゃだとスケルが言っていました。
この星には昭和って名前の人がたくさんいるんだよ。
エクセリアで言うタグモッチベンベンだ。

－340円

○月□日

アララです。スケルに「ほかにかせぎ方ないの？」と聞くと「スタンプと有料記事は？」と言われました。スタンプの絵はすぐに描けましたが、記事はむずかしかったです。がんばって書いたので1記事7000円にしたら、スケルに「高すぎる」と言われました。うるさいので100円にしました。でも、どっちも2つ売れた！　よかったです。

100円×2(スタンプ)＋70円×2(記事)＝**340円**

ちなみに、スタンプも記事も買ったのはカケルとつばめだよ。

○月○日

2000円−200円(手数料)＝**1800円**

アララです。またおもちゃが売れたみたいです。
スケルから「前におもちゃを買ってくれた人から、感想が届いたよ」と聞きました。お金も増えて、ありがとうって言われて、なんかいろいろもらいすぎかなって思いました。これも「海の藻屑にこそ卵王」だ。

※「海の藻屑にこそ卵王」とは、エクセリアのことわざ。エクセリアでの海藻取りは命がけ。でも、海藻に付く卵は卵の王様とよばれるほどおいしい。そこから、大変な作業にはおいしいおまけが付くという意味で使われる。

アララの所持金 合計**5000円**

お金にまつわる甘い罠

このページの1コマ目のように、アララはテレビを見たり、仕事をしたりして、カケルは隣で本を読む。これが二人の日常。

見て見て！すごいもの手に入れた！

お金が当たるゲーム券！

宝くじは子どもでも買える？

みんなも一度は宝くじ売り場を見たことがあると思う。じつは、宝くじの購入に年齢制限はない。つまり、子どもでも宝くじを買えるのだ。でも、じっさいにみんなが買おうと思って宝くじ売り場に行っても、ほぼ売ってもらえないぞ。法律上問題がなくても、やはり「子どもに買ってほしくない」と思っているので、宝くじ売り場の人はみずからの判断で売らないようにしているのだ。このように、法律上問題がなくても自分たちの判断で制限する。これを「自主規制」とよぶ。

宝くじって、まず当たらないよ？
え!?

まあ、くじを削ってみな
うん！

アララがもう一度、宝くじを買おうとするが、これこそギャンブルの怖さ。ギャンブルの負けをギャンブルで取り返そうと思ったとき、身の破滅が始まる。ちなみにゲーム課金も同じ。

ギャンブルが儲からない理由

たとえば日本の宝くじは「50％以上の配当を出してはいけない」とされている。つまり、宝くじが100億円売れたとすると、賞金の合計は50億円以下になるということだ。

これは、宝くじを1000円買っても半分戻ってくることしか期待できない。ということになる。

ちなみに、宝くじに限らずすべてのギャンブルは「負けるのが当たり前」のしくみで作られている。

もちろん、買った金額以上の当たりを引く人もいるが、それは超、運が良かっただけ。続けていれば必ず負ける。それがギャンブルだ！

つまり、ギャンブルとは当たらないと知った上で「もし、当たったら、どうしよう」と妄想してニヤニヤするためにお金を払うものだと覚えておこう。

本来、転売とは、自分で買った物を売る行為。だが、昨今では、人気商品を買って高い値段で売る迷惑行為のことを転売とよぶことが増えている。超迷惑だが違法ではない。

そのため、アララの発言のように、買う人がどうしようが自由。というのが転売をする人の言い分。
だが、それこそがまさに転売を法律で規制できない理由でもある。

ただし、コンサートなどのチケットだけは、チケット不正転売禁止法という法律によって、高い値段で転売することを禁止している。

偽物を作って売ると商標法違反となる。商標とは、商品や会社のロゴ(会社のマーク)などを登録したもので他者が勝手に使ってはいけない。偽物は、商標を勝手に使ったことになるため違法。

六法全書とは、憲法や法律が書かれた本のこと。日本の法律の中で特に重要とされている憲法、商法、刑法、民法、刑事訴訟法、民事訴訟法の6つが書かれているため、六法とよばれる。

お金だけもらって商品を送らないのは、民法415条「債務不履行」となる。
許可なく薬を売るのは医薬品医療機器法第24条「無許可販売」になる。

ここでは、悪いように書かれているが、世の中は、大げさな言葉であふれている。そのため、みんなも一度は、大げさ言葉にだまされるだろう。子どものうちに小さくだまされ、大きく学ぼう。

お金を知る。というのは、究極的に言えば「価値を知る」ことに尽きる。ふだんから目に映る物の価値について考え、価値判断基準を育てる。これで、お金への理解も深まり、だまされる可能性も低くなる。

ゲームの課金も小学生にはおすすめしない。理由は、多くのゲーム課金がギャンブルと同じようなものだから。
ゲーム課金は自分でかせぐようになってから！

COLUMN ▶ 4

偶然！すばチャのしくみ

コント
蜜柑ちゃんとゴーグルくん

蜜柑の取り分は、支払った額から引く（3000−手数料2割600円＝2400円）のではなく、支払う額に手数料を足す（2500円＋手数料2割500円＝3000円）方式。

CHAPTER 8 為替と寿司とカケルの不安

えーっ!?
地球とエクセリアが
つながっちゃうの!?

パンパカパーン

ワーイ

この前の動画のコメントに…

- 「おめでとう!」
- 「うそ、カケルくんにも会えるのかな?」
- 「やば、めっちゃ楽しみ」
- 「財政難だろ。こんな辺境の星にワープ通す金あるのかよ」
- 「だから、起死回生の案なんじゃね」
- 「コケたらどうすんだよ」
- 「たしかに。もっと確実な方法あるよな」
- 「でも、地球行きたくね?」
- 「アララ〜おめでとう。メール送ったよ〜」

あ、なんかたくさんメール来てる

脳に直でメールが来るよ

NEW✉

アララ、久しぶり。元気にしてる?

この前、王様から、地球とエクセリア間に
ワープ航路を結ぶ準備を進める
って発表があったの!

アララの動画を見て、私も地球にすごい興味を
持ったから、旅行に行けるようになったら
すぐ行くね。そのときは、カケルくんを
紹介してね♡♡♡

惑星間のワープ航路を結ぶのはワーピストという仕事。ムアムア星で厳しい訓練を積んだ者だけがなれる。
ワープ航路を作るには、類まれな調査能力とあらゆる可能性を考える想像力が必須。

つばめの秘密

天神つばめ。じつは、日本有数の和食店の一人娘。幼いころからさまざまな料理を教えこまれていたため料理は大得意。

なんという、おいしさ！ 魚と酸っぱいご飯
黒いタレの香ばしい塩っぱさが完璧にマッチしている。
ん！ この魚もこの魚も味がちがう。
強いコクを感じられる魚から、舌にのせたらスーッと
溶ける上品な脂を感じられる魚。
コリッとした食感とともにうま味が弾ける魚。
ぜんぶちがって、ぜんぶおいしい！
完璧だ。完璧料理だ〜！

Viva和食 5

【寿司】 SUSHI

世界中にその名をとどろかせる、和食の代表、寿司。ただ魚の切り身を酢飯にのせただけと思うなかれ。1つ1つの魚は、もっともおいしく食べるために、切り方を変えたり、隠し包丁を入れたり、トッピングを付けたりなど、さまざまな下ごしらえが施してある。海に囲まれた国ならではのおいしい魚と職人の腕。この2つが合わさって作られた芸術。それが寿司である。ちなみに500年前の寿司は、1つがもっと大きく、ハンバーガーのようなファストフードとして、屋台で楽しまれていた。

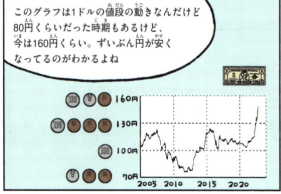

アララ「前に、1ёで1円くらいって言ってなかった？」
カケル「それは、エクセリアと日本の物の価値を比べて出した仮の値段だよ」

CHAPTER 8 為替と寿司とカケルの不安

え、なんで80円から160円になるのに安いの？

80円が160円

高くなってない？

えっと、1ドル何円、って言っちゃうからややこしいんだよね

1円何ドル、で考えるとわかりやすいよ

たとえば1ドルが80円のときと160円のとき1円が何ドルかを計算する。
すると、1÷80、1÷160だからこうなるよね

1ドル = 80円 ⇒ 1円 = 0.01250ドル
1ドル = 160円 ⇒ 1円 = 0.00625ドル

安くなってる

80円から160円になったとき1円あたりの金額は安くなってるでしょ？

もーわかんない！お寿司で説明して！

え！お寿司って、生物じゃん？生物ってくさるから、お金の価値保存の法則からするとまったくもってダメなたとえじゃん？

そもそも漁獲量によって価値も変化するし、もっともお金の説明として適してないんじゃ…

ドルって何？なんで5000円は5000￥にならないの…？

あーもう、わかった！

為替とは、入れ替わるという意味の「交替」から「交わす」という言葉が生まれ、ここから「かわせ」とよばれる。
そこに「替えることを為す」という漢字を当てて「為替」となった。

Kawase no shikumi

上のように、お金とお金を交換することを為替取引とよぶ。外国に旅行に行って、自国のお金をその国のお金に両替するが、これも為替取引のひとつ。

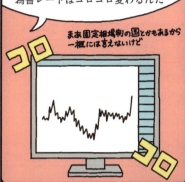

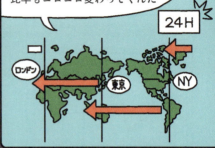

戦争でお金の価値が下がるとは限らないが、侵略戦争など、自国の利益のためだけの戦争では、ほかの国が「もう、この国と取引しない」など経済制裁をする可能性があり、この不安から価値が下がる。

物の値段のことを「物価」とよぶ。日本では毎年2％くらいの物価上昇が理想と言われている。
無理なく物価が上がり、働いて得る賃金も着実に上がる。するとほどよく経済が発展する。

COLUMN ▶ 5

プロモッテンポック選手カードチップス

モッテンポックの選手が記載された
カードが同封されているポテトチップス。
アララはこれを集めるのを趣味にしている。
スキヤバ・シジロウのシースーコンビ
アサク・サイマハンの下町スラッガー
ギンザキュウ・ベーの最強バッテリー
この3枚が超レアカードと
されている。

改造惑星

エクセリアでは
無人惑星を買って
自由に改造することが流行っている。
アララはこれで、お団子の星を作りたい。

ポップコロッコー
大人買い

棒付きのグミ。
なめていると味がコロコロ変わる。
アララの大好物。

伝説の芸人 メッチャ・オモロイ・
ヴォン・ドグルゾミアのライブグッズの
ペナント

推しのグッズ

アララのほしいもの

マンガ全巻買い!
『ハチミツとみつばととジャガー』

タスマニアンデビルのようなヒーローが織りなす一大叙事詩。
主人公シンギュラリ・ソラのフィギュア付き。後ろのボタンを押すと、
あの名台詞「お前が生きてるか死んでるかは、お前次第だ!」
が聞こえる。

『スクール・オブ・バック・トゥ・ザ・ラブソング』episode 4

タイトルからは想像もできないが、
幼児向けの着ぐるみ劇。アララがお笑い芸人を志す
きっかけとなった。当時の出演者、スタッフのコメンタリー付き。
本DVDはepisode 4 終了記念で作られた特装版。全25巻もの長さに
なってしまい、ほかのエピソードはいまだ作られていない。ちなみに
episode 6 で、父親が仇だったと知る、という噂が出回っている。

COLUMN ▶ 5

『牡蠣の王子様』
作者のパイロット服の
切れ端

『11984年』
1949年初版本

『父っつぁん』
赤シャツ付き
限定版

『タイ産の幼魚』
太田裕二翻訳
バージョン

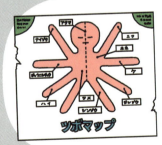

『腰を押す者』
ガメニアンの
ツボマップ

カケルのほしいもの

『8億9450万少年漂流記』
全少年の詳細プロフィール付きバージョン

『細虹の映画台本』
（1950年バージョン）

『悲しみよ三度笠』
砂岩仕様

『カラマ一族の招待』
ドスとF付き

『モンテク・リスト箱』
函付き

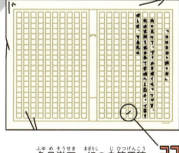

冬目漱石　幻の自筆原稿
（鼻毛付き）

COLUMN ▸ 5

つばめのほしいもの

お金のリテラシー

健康 / ダンベル / サラダ / すいみん

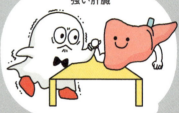
強い肝臓

変わらない生活

カケルの笑顔

肌のハリツヤ

長期休暇

出演：アララ

暑くもなく寒くもない気候

気分のいい日

仕事を早く処理できる能力

最高の物語を書いてくれる作家

確固たる価値観

あの人の声

CHAPTER 9 投資とゲームと地球の危機

その昔、歩きスマホのように歩きゴーグルがエクセリアで大きな社会問題となったが、街中に日々変化するアートを盛りこみ、歩きゴーグルをダサいと思わせることで解消した。

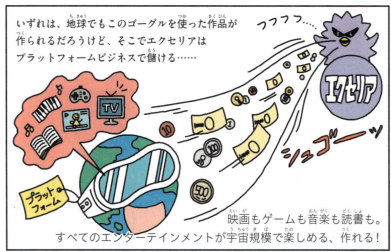

プラットフォームビジネスは、当たれば大きいが、初期投資にお金がかかる。人を集めるのにもお金がかかる。さらに、あとから参入するのがむずかしいなどの問題点がある。

カケルにわたしたガイドブックは、本の形だが中身は超ハイテク仕様。アララは本という認識はないが本というのは誰でも手にすると読み進められるため、この形が採用された。

「その人の知性を知りたければ、その人の笑いを見ろ。それがもっとも正しく知性を測る方法である」デデレスト・ワーナビー(モッテンボック初代ゾーブナー賞受賞者)の名言。

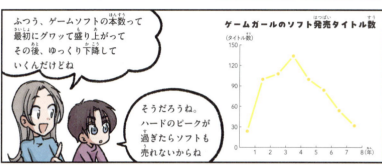

ここで言うハードとはHardwareの略でゲーム機本体。ソフトはSoftwareの略でゲームを指す。
ゲームディスクなどをソフトとよぶが、厳密には中身のプログラムがソフトである。

ゲーム本体は、1台あたりの原価よりも低い値段をつけて売ることもある。これは、とにかく本体を普及させ、その後、ソフトで儲けるという戦略である。

It's Show Time!

このドローン(本当は透明)。じつは、アララが地球に来たときから付いてきている。漫才ブームになったため、地球の漫才をドローンが撮影し、エクセリアで流している。

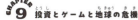

自由研究のススメ② 投資をしよう。お家の人といっしょに証券会社の口座を開設するなどの準備をし、お年玉などを投資。損する可能性もあるが、損は学びが大きい。

株は個人が直接買うことはできず、証券会社を通して売買する。個人→証券会社→証券取引所、という流れ。ゆえに、個人で株を買うときはどの証券会社を選ぶかも大切。

前のページに出てきた株の詰め合わせであるインデックス。これは、すでに分散投資の役割を果たしている。

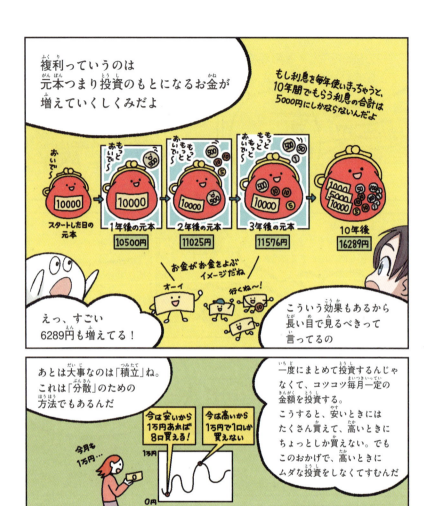

アインシュタイン曰く「人間の最大の発明は複利だ。知っている人は複利でかせぎ、知らない人は利息を払う」（諸説あり）

株価は、経済、政治の動き、気候の変化、地政学、テクノロジー、政治家の不祥事、商品価格など、あらゆる事象で決まる。ゆえに、全能の神でない限り、リスクは避けられない。

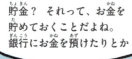
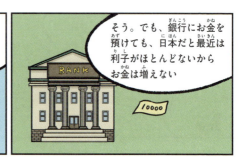

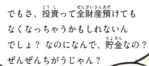

1990年の銀行の利子は6％くらい。2024年は0.005％くらい。つまり、35年前は1億円預ければ毎年600万円の利子がついた。今は1億円預けても利子は毎年5千円。

ポートフォリオ：持っている株式などを一覧にまとめたもの。
マグロ漁船はまったく関係ない。

そのころエクセリアでは……？

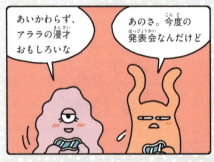

CHAPTER 10 カケルはカケルをみつけたい

ん〜！

こ、これは新しい！パンに塗られたあんことと白い脂っぽいやつが、とんでもなく合う！あんこはこれまでにもたくさん食べてきたけど焼いたパンの香ばしさと脂のコクと合わさることで、これまでと味わいがまったく異なっている。出会いだ。人との出会いで運命が変わるように、あんこもパンと白い脂と出会い、さらなる幸せをアララに運んでくれたんだ！

シャーッ

Viva和食 6

【小倉トースト】
OGURA TOAST

焼いたパンにあんことバターを塗るのが一般的。あんこをなぜ「小倉」とよぶのかというと、その昔、京都の小倉山があんこの原料である小豆の生産地だったことに由来する。そのため、あんこは「小倉あん」ともよばれ、ここから小倉トーストという名が付けられている。あんことバター（マーガリン）を組み合わせたスイーツはコンビニにおかれていることも多く、比較的出会いやすい和スイーツの1つである。

ごちそうさまでした

さて、と

ス　チャッ

バターは紀元前2000年ごろから作られ始めたと記録されている。ちなみに、生クリーム（動物性、乳脂肪40％以上）と塩少々を500mlのペットボトルに入れて振りまくればバターになる。

経営コンサルタントとは、会社の経営問題を解決するためのアドバイスをする仕事。経営改善についての膨大な知識とそれを活かす知恵、そして、行動に移す実行力と会社の人をやる気にさせる話のうまさが必要となる。

「千粒磨いて一つをわたせ」……あらゆる可能性を考え、それらを練り上げ、その中で最高の逸品となった一品をお客に出せ、という意味。作品作りに長けたエクセリア人ならではのことわざ。

何度も見たり、聞いたり、接したりすることで好感度が上がる。これを「ザイオンス効果（単純接触効果）」と言う。カケルはこれらを用い、商店街の活性化を目論んでいる。

お店への許可取りもザイオンス効果をねらっている。直接会って、自分たちに好感を持ってもらうことで、お店の人たちにもスタンプを買ってもらおうという策略。

それから、アララはほんとうにがんばりました。

お店で食べるのと持ち帰りだと消費税が変わる。お店で食べると10%だが、持ち帰ると8％になる。このように、標準の消費税よりも少ない税率を軽減税率という。

カケルは、2年前の出来事を思い出した。

（問題）
（1）「そして」を使って文章を作りなさい。
（答え）
✓ 雨は止むことなく降り続けた。そして、僕は途方に暮れる。
習ってません －5

またか…

職員室

先生、コレ…

習ってないことを答えに書くのは減点だ

それは何度も聞きましたがもう少し具体的に説明を…

……

先生……？

え、あの

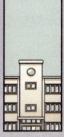

……あれ?

この声、休学中のカケルくん…!?

ブーッ
着信
学校
ブーッ

はい、カケルの母です。
はい…え!
当時の担任の先生
学校辞めるんですか?

5年1組

カケルくん
待ってたよ

あの番組見た?
めっちゃ笑った!
……
ほんと
あの人たち最高!

……あの、その番組ぼくも見たよ!
テロップがタレントの言葉のくりかえしじゃなく見ている人の感情を表しているのが最高だよね

……あ

いやなんでもない!
なんていうかおもしろいよねあの人たち
しまった
まちがえたかも

なんか
カケルくんって
少し変わってるね

……

それから、しばらくして……
ついにこの日がやってきました。

スタンプ　120ダウンロード

200円 × 120回	=	24000円
蜜柑orゴーグル取り分 30%	=	－7200円
24000円 － 7200円	=	16800円
アプリ会社取り分 50%	=	－8400円
16800円 － 8400円	=	8400円
差引報酬		**8400円**

その後のエクセリア

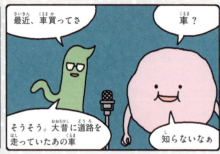

最近、車買ってさ

車？

そうそう。大昔に道路を走っていたあの車

知らないなぁ

しょうがない。じゃあ、教えてあげるよ。まずは、車に入ってカギを差して回すんだ。すると、どうなると思う？

えっと、世界が平和になる！

ならないよ！そんな機能あったら、とっくに世界は平和になってるでしょ。ほかには？カギを回すとどうなる？

えっと、えっと、えっとみんな、みんな大好き！

テンパってんじゃないよ。はい、カギを回すと？

恋愛ホルモンが出る！

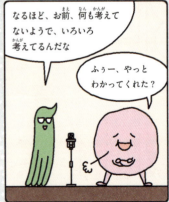

> 翌日
>
> エクセリアに称賛を送ります。
> 私どもフランセーヌ人は、これまでエクセリア産の
> コンテンツについて厳しい意見を申し上げておりました。奇抜さに
> 走りすぎ、過度な舞台演出でストーリーへの目線がそれる、舞台役
> 者をAI化したため命を感じない。などなど、様々な苦言を呈してき
> ましたが、先日放送されたE-1グランプリでの漫才という手法はこ
> れらの苦言のすべてを解消したものとなっており、本当に上質で美
> しい笑いを提示していただきました。道化を演じながらも舞台に上
> がり、目の前のお客を笑わせるという強固たる決意は、芸人として
> の原点であり頂点であり至宝であることを改めて感じられました。
> エクセリアには、漫才のさらなる発展をお願い申し上げます。

これは、大手芸能プロダクション社長……！

> 昨日のE-1見ましたで。すばらしい コンテンツやないですか！
> 今までの作りこんだ喜劇と真逆、究極のシンプルさが最高や！
> 何よりすばらしいのが、二人の掛け合いやな。正直、あの
> デカイほうは、事務所でも使いもんにならへんかったんや。
> それが、二人組になることで、あいつが輝きはじめたんですわ！
> 聞けば、漫才はそもそも、芸人学校の落ちこぼれの生徒が
> 広めた文化なんやろ？ わかるわー。漫才ちゅうのは
> たぶん、新しい光なんや。これまで、下手したら
> からかわれたりするようなことがぜんぶ
> 武器になる新しい光なんや！ いや
> ほんま、漫才はすばらしい！

> で、や。ほんま申し訳ないんやけど、地球との国交な。
> あれ、ウチの会社協力できへんようなってしもたんや。
> これから、漫才専門の学校作ろう思てんねん。それに
> 他国からも出演依頼がぎょうさん来てな。スタッフは
> その対応だけで、てんてこ舞いやねん。優勝コンビの
> あいつらなんて2年くらいスケジュール埋まっ
> てんねんで？ しばらくはウチら自分の事業
> 以外のことできへんねん。ほんま堪忍！
> ほな、急いでますんでこのへんで

> すべては王宮の計画通りに……
> とは、いかないものだな

はたしてエクセリアの地球進出はこの後どうなるのか！？ To be continued……

アララ、あんまりうれしいから
この子としゃべってみるね

どういう発想!?

やあ！ぼくはお金

作 大野正人（おお の まさと）

1972年、東京都生まれ。文筆家。絵本作家。『こころのふしぎなぜ?どうして?』（高橋書店）を含む「楽しく学べるシリーズ」は累計300万部を突破。著書に絵本『夢をどうしてかなわないの?』『お金があればしあわせなの?』（汐文社）、『一日がしあわせになる朝ごはん』（共著、文響社）、『失敗図鑑』（文響社）など。

監修 土屋剛俊（つちや たけとし）

土屋アセットマネジメント代表取締役社長。一橋大学経済学部卒。石川島播磨重工業入社、航空宇宙事業本部勤務、チェース・マンハッタン銀行、東京支店審査部長、野村證券チーフクレジットアナリスト、野村キャピタル・インベストメント審査部長、バークレイズ証券ディレクター、みずほ証券シニアエグゼクティブなどを経て2021年より現職。CFA協会認定証券アナリスト、日本証券アナリスト協会検定会員、行政書士。著書に『財投機関債投資ハンドブック』『デリバティブ信用リスクの管理』『新版 日本のソブリンリスク（共著）』、『入門 社債のすべて』『お金以前』など。

マンガ トミムラコタ

イラストレーター／漫画家。都立工芸高等学校デザイン科卒。2016年漫画家デビュー。『ギャルと恐竜』（作画担当）、『ギャルとツチノコ』『まんペン』など漫画制作を中心に元気に活動中。

マンガ 津村根央（つむら ねお）

1994年生まれ。趣味の散歩の傍ら、観光地のリーフレットや奇妙なおもちゃを集めたり、まぬけで不条理な漫画を描いたりしている。2016年度武蔵野美術大学卒業制作展にて優秀賞受賞。主な作品に『胡孫町役場観光課巨大ガニ捏造事件』（祥伝社）、『リサイクル・アニマルを求めて』（ジモコロ）、『スリー・グッド・ドルフィンズ』など。

STAFF
デザイン：APRON（植草可純、前田歩来）
作画スタッフ：オウシユリ
着彩：大川喜和子（合同会社わわわ堂）
校正：株式会社ぷれす

○ 掲載の情報は、2024年11月時点のものです。
○ 本書はわかりやすさを重視し、お金の知識の細部については、省略、簡略化している部分もあります。ご了承ください。

がけっぷち！ アララはお金（かね）を増（ふ）やしたい！

2024年12月1日　第1刷発行

作	大野正人
マンガ	トミムラコタ、津村根央
監修	土屋剛俊
発行者	加藤裕樹
編集	谷綾子
発行所	株式会社ポプラ社
	〒141-8210
	東京都品川区西五反田3丁目5番8号
	JR目黒MARCビル12階
	ホームページ　www.poplar.jp
印刷・製本	中央精版印刷株式会社

© Masato Oono, Cota Tomimura 2024
Printed in Japan
ISBN978-4-591-18399-1　N.D.C. 337 / 223P / 19cm

P4900396

落丁・乱丁本はお取り替えいたします。ホームページ（www.poplar.co.jp）のお問い合わせ一覧よりご連絡ください。
読者の皆様からのお便りをお待ちしております。いただいたお便りは著者にお渡しいたします。
本書のコピー、スキャン、デジタル化等の無断複製は著作権法上での例外を除き禁じられています。
本書を代行業者等の第三者に依頼してスキャンやデジタル化することは、たとえ個人や家庭内での利用であっても著作権法上認められておりません。

本の感想をお待ちしております
アンケート回答にご協力いただいた方には、ポプラ社公式通販サイト「kodo-mall（こどもーる）」で使えるクーポンをプレゼントいたします。
※プレゼントは事前の予告なく終了することがあります
※クーポンには利用条件がございます